# BEI GRIN MACHT SICH IHR WISSEN BEZAHLT

- Wir veröffentlichen Ihre Hausarbeit,
  Bachelor- und Masterarbeit

- Ihr eigenes eBook und Buch -
  weltweit in allen wichtigen Shops

- Verdienen Sie an jedem Verkauf

Jetzt bei www.GRIN.com hochladen
und kostenlos publizieren

Katja Waletzko

# Vertragsarten im Internet und deren Haftungsgrundlage

GRIN Verlag

**Bibliografische Information der Deutschen Nationalbibliothek:**

Die Deutsche Bibliothek verzeichnet diese Publikation in der Deutschen National-
bibliografie; detaillierte bibliografische Daten sind im Internet über http://dnb.d-
nb.de/ abrufbar.

Dieses Werk sowie alle darin enthaltenen einzelnen Beiträge und Abbildungen
sind urheberrechtlich geschützt. Jede Verwertung, die nicht ausdrücklich vom
Urheberrechtsschutz zugelassen ist, bedarf der vorherigen Zustimmung des Verla-
ges. Das gilt insbesondere für Vervielfältigungen, Bearbeitungen, Übersetzungen,
Mikroverfilmungen, Auswertungen durch Datenbanken und für die Einspeicherung
und Verarbeitung in elektronische Systeme. Alle Rechte, auch die des auszugsweisen
Nachdrucks, der fotomechanischen Wiedergabe (einschließlich Mikrokopie) sowie
der Auswertung durch Datenbanken oder ähnliche Einrichtungen, vorbehalten.

**Impressum:**

Copyright © 2006 GRIN Verlag GmbH
Druck und Bindung: Books on Demand GmbH, Norderstedt Germany
ISBN: 978-3-638-66821-7

**Dieses Buch bei GRIN:**

http://www.grin.com/de/e-book/61693/vertragsarten-im-internet-und-deren-haf-
tungsgrundlage

## GRIN - Your knowledge has value

Der GRIN Verlag publiziert seit 1998 wissenschaftliche Arbeiten von Studenten, Hochschullehrern und anderen Akademikern als eBook und gedrucktes Buch. Die Verlagswebsite www.grin.com ist die ideale Plattform zur Veröffentlichung von Hausarbeiten, Abschlussarbeiten, wissenschaftlichen Aufsätzen, Dissertationen und Fachbüchern.

## Besuchen Sie uns im Internet:

http://www.grin.com/

http://www.facebook.com/grincom

http://www.twitter.com/grin_com

Institut für Rechtswissenschaften

Computer Law I

WS 2005/2006

# Vertragsarten im Internet und deren Haftungsgrundlage

vorgelegt von:
**Katja Waletzko**
11. Semester BWL

# INHALTSVERZEICHNIS

# 1 Einleitung

Das Internet hat sich als Medium für Informationen jeglicher Art in den letzten Jahren fest etabliert.[1]

Ebenso gewann eine Option des Internets, das virtuelle Shopping, kurz und global als E-Commerce bezeichnet, eine immer größere Bedeutung. Nach einer Studie der OECD werden bis zum Jahre 2007 weltweit etwa 7,5 % aller Kaufverträge über das Internet zustande kommen.[2] Viele bunte Websites locken die Besucher mit attraktiven Angeboten, die rund um die Uhr bezogen werden können. Kein Ladenschluss stört mehr die Einkaufslust und schwere Taschen müssen auch nicht mehr durch die Fußgängerzone geschleppt werden. Die bequeme Lieferung ins Haus ist nur einen Mausklick weit entfernt.

Häufig schließen wir jedoch Verträge ab, ohne uns dessen bewusst zu sein. Wenn wir uns zum Beispiel morgens beim Bäcker ein Brötchen besorgen, liegt ein Kaufvertrag vor.

Die vorliegende Arbeit beschäftigt sich mit den verschiedenen Vertragsarten im Internet und deren Haftungsgrundlage. Zu Beginn der Arbeit werde ich in Punkt 2. zwischen Online- und Internet- Verträgen unterscheiden. Im Folgenden werde ich eine Differenzierung der einzelnen Online- Verträge vornehmen. Im Anschluss hieran werde ich die Besonderheit der Internetauktion unter die Lupe nehmen (vgl. Punkt 3.) Unter Punkt 4. werde ich das Zustandekommen eines Vertrages im Internet beschreiben. Nachdem ich die Haftung der Einzelnen Provider dargestellt habe, werde ich zum Abschluss der Seminararbeit ein Fazit ziehen, ob David Rosenthal Recht mit seiner Ansicht, dass Verträge, die per Mausklick betätigt werden und nicht unterschrieben werde, nicht rechtsgültig sind, hat.[3]

---

[1] Vgl. http://presse.vibrio.de/info/37971 (Stand: 04.01.2006).
[2] Vgl. http://www.it-rechtsinfo.de/index.php/wissen/vertrag/1/ (Stand : 04.01.2006).
[3] Rosenthal, David, S.29.

## 2 Abgrenzung der Vertragsarten im Internet

Das Internet bietet dem Nutzer die Möglichkeit, Produkte und Dienstleistungen verschiedenster Charaktere zu kaufen und zu nutzen, wodurch sich entsprechend vielfältige Vertragsbeziehungen ergeben.

Zunächst soll aber geklärt werden, was im Allgemeinen unter einem Vertrag verstanden wird. Bei einem Vertrag handelt es sich um ein Rechtsgeschäft mit mindestens einer Willenserklärung[4] (Vgl. §§ 116-144 BGB). Diese Willenserklärungen können mündlich, schriftlich oder auch durch angemessenes (konkludentes) Handeln (z. B. Kopfnicken) erfolgen.[5] Aus dem Rechtsgeschäft entsteht ein Schuldverhältnis[6] (Vgl. § 241 Abs. 1 BGB), aus dem sich Rechte und Pflichten ergeben.

Im Multimedia Zeitalter hat sich nichts daran geändert, dass ein Vertrag durch zwei übereinstimmende, korrespondierende Willenserklärungen zustande kommt: das Angebot des Verkäufers und die Annahme des Angebotes durch den Käufer, oder umgekehrt.[7]

Fraglich hierbei ist, wie die neuen Vertragsarten in die Vertragssystematik des Bürgerlichen Gesetzbuches (BGB)[8] eingeordnet werden können.[9] Das BGB regelt Vertragstypen, wie den Kaufvertrag (§§ 433-479 BGB), den Mietvertrag (§§ 535-580a BGB), den Pachtvertrag (§§ 581-584b BGB), den Dienstvertrag (§§ 611-630 BGB) oder den Werkvertrag (§§ 631-651 BGB) umfangreich.[10] Geregelt sind etwa die Rechte und Pflichten der Vertragsparteien, wie auch die möglichen Ansprüche im Falle einer Schlechtleistung.

Wie in Punkt 1 schon dargestellt, liegen die Vorteile des Electronic Commerce[11] z.B. darin, dass der Käufer nicht an die Ladenschlussbestimmungen gebunden ist. Da Unternehmen, Konsumenten und Öffentliche Institutionen einerseits als Anbieter andererseits als Nachfrager von Leistungen im E-Commerce auftreten, wird hinsichtlich der Wirtschaftlichkeit unterschieden zwischen Business to Business (B2B) und Business to Consumer (B2C).

---

[4] „Willenserklärungen sind Äußerungen oder Handlungen einer oder mehrerer Personen, die mit der Absicht vorgenommen werden, eine rechtliche Wirkung herbeizuführen".
[5] Vgl. Bähr, Peter; S.57 ff.
[6] " Ein Schuldverhältnis ist eine rechtliche Beziehung zwischen mindestens zwei Personen, aufgrund derer eine Person (Gläubiger) berechtigt ist, von dem anderen Teil (Schuldner) eine bestimmte Leistung gleich welcher Art zu fordern.
[7] Vgl. Schotthöfer, Peter / Scharrer, Ulrich; S.65.
[8] Neugefasst durch Bek. V. 2.1.2002 I 42, 2909; 2003, 738, zuletzt geändert durch Art.3 Abs.1 G I 1970.
[9] Vgl. Lehmann, Michael; S.126.
[10] Vgl. Junker, Abbo / Benecke, Martina; Rn.151.
[11] „Electronic Commerce ist der elektronische Austausch von Informationen, Gütern, Dienstleistungen und Zahlungsanweisungen mit gewerblichen oder privaten Kunden in elektronischen Netzwerken (Internet, Online-Dienste)".

B2B bezeichnet Geschäftsbeziehungen von Unternehmen untereinander, wie z.b. die Beziehung eines Unternehmens zu einem Zulieferer.

Bei B2C muss hingegen zwischen zwei Arten von Geschäften unterschieden werden.

## 2.1 Internet- Vertrag

Internet- Verträge sind Verträge, die lediglich online abgeschlossen werden und sich nicht von der Bestellung per Postkarte oder per Telefon unterscheiden. Ein gutes Beispiel hierfür sind die klassischen Versandhäuser, wie z.b. Quelle, OTTO, etc., bei denen nur der Vertrag auf elektronischem Wege erfolgt, während die Lieferung auf traditionelle Weise geschieht.[12]

## 2.2 Online- Vertrag

Bei Online- Verträgen handelt es sich um Verträge, bei denen die gesamte Geschäftsabwicklung über das Internet abgeschlossen wird. Online- Geschäfte werden nicht nur Online geschlossen sondern auch abgewickelt. Dies bedeutet, dass die Leistungserbringung ebenfalls durch das Internet erfolgt.[13]

Solche Leistungsbeziehungen können nur bei Produkten erfolgen, deren Charakter zugleich eine direkte Belieferung über das Netz zulassen und einen separaten Lieferungsvorgang auf klassischem Wege nicht mehr erfordern. Dies setzt zwingend voraus, dass es sich um virtuelle Waren handelt, wie immaterielle Güter (z.B. Kauf von Bahnfahrkarten, Downloaden von Software etc.) und Dienstleistungen wie z.b. die Bestellung und Lieferung eines über das Netz zur Verfügung gestellten Computerprogramms.[14]

Bei Mobilfunkverträgen werden die Kunden mit Prämien in Form einer Gutschrift gebeten, ihre monatliche Rechnung ebenfalls auf dem elektronischem Wege zu beziehen. Dadurch fallen für das Unternehmen geringere Service- Kosten sowie Transportkosten an, da z.B. ein Anspruch auf Service in Filialen vor Ort ausgeschlossen werden kann. Die gesamte Kundenbetreuung erfolgt über das Internet.

---

[12] Vgl. Köhler, Markus / Arndt, Hans-Wolfgang; Rn 84; Koch, Frank A.; S.186.
[13] Vgl. Köhler, Markus / Arndt, Hans-Wolfgang; S.27.
[14] Vgl. Koch, Frank A.; S.186.

Je nach angebotenem Dienst wird hauptsächlich in Net-, Access- und Content- Provider unterteilt.[15] Hierbei stellt man fest, das der Leistungsumfang der Providerangebote oft nur sehr unklar formuliert ist.[16]

Insbesondere geht aus den Verträgen nicht hervor, um welche Art Vertrag es sich handeln soll. Die Sicherheit über die Vertragsart ist jedoch wichtig für die Anwendung der zum Teil sehr unterschiedlichen Vertragsregeln (z.B. Kündigungs-, Gewährleistungs- oder Verjährungsregeln).

Daher werden im Folgenden die einzelnen Provider- Verträge vorgestellt und untersucht, wie die verschiedenen Online-Verträge in die Vertragssystematik des BGB einzuordnen sind?

### 2.2.1 Net- Provider- Vertrag

**Net- Provider**, sogenannte Carrier, stellen weder Inhalte bereit noch ermöglichen sie den Nutzern den Netzzugang. Net- Provider stellen nur das jeweils genützte Leistungsnetz, über das die Kommunikation erfolgt, zur Verfügung. Ein wichtiger Netzwerkbetreiber ist die Deutsche Telekom AG, die heute das größte europäische Telekommunikationsunternehmen und der drittgrößte Netzwerkbetreiber der Welt ist.[17] Die Access- Provider (Vgl. 2.2.2.) schließen mit den Net- Providern Mietverträge über Standleitungen sowie Netzüberlassungsverträge, um deren Kommunikationsnetz nutzen zu können.[18] Dieser Kooperation weist miet- sowie werkvertragsähnliche Elemente auf. Allerdings überwiegt der werkvertragliche Charakter, wenn ein funktionsfähiger Zugang zum Netz garantiert wird.[19]

### 2.2.2 Access- Provider- Vertrag

Damit der Nutzer Zugang zum Internet hat beziehungsweise um Informationen einsehen zu können, muss er einen Vertrag mit einem **Access- Provider** abschließen. Access-Provider, wie z.B. AOL, T- Online, Freenet oder 1&1,[20] schließen mit Content- Providern (Vgl. 2.2.3.) Verträge, um ihnen Speicherplätze und Zugriffsmöglichkeiten für ihre Präsentation in Internet anzubieten und Anwendern den Zugang zum Internet zu gewähren.[21]

---

[15] Vgl. Lehmann, Michael; S.126.
[16] Vgl. http://www.gwdg.de/~ifbg/go13cj.htm (Stand: 30.12.2005).
[17] Vgl. http://www.inf-wiss.uni-konstanz.de/CURR/student/imk9495/gruppe_2/deutsch/2_5_1_4.html (Stand: 01.02.206).
[18] Vgl. Koch, Frank A.; S.9.
[19] Vgl. Lehmann, Michael; S.127.
[20] Vgl. http://www.firstload.de/presse/Gutachten_Firstload.pdf (Stand: 31.01.2006).
[21] Vgl. Koch, Frank A.; S.8.

Weiterhin stellt der Access Provider die zur Benutzung des Netzes erforderlichen Protokollfunktionen, wie IP-Adresse, Name- Service und Routing zur Verfügung. Der Access Provider bietet alle Funktionen, die notwendig sind, damit der Rechner des Nutzers Teil des Kommunikationsnetzes wird.[22]

Zur rechtlichen Einordnung des Access- Provider- Vertrages hat sich der Bundesgerichtshof am 23.03.2005[23] der weit verbreiteten Auffassung angeschlossen, die den Access-Provider-Vertrag schwerpunktmäßig als Dienstvertrag[24] im Sinne der §§ 611 ff BGB einordnet. Hauptmerkmal des Dienstvertrages ist nach § 611 BGB, dass eine abhängige Arbeitsleistung oder unabhängige Dienstleistung geschuldet wird. Relevant ist hier die Dienstleistung. Der Senat qualifizierte den Vertrag als eine Parallele zu den Telefonfestnetz- und Mobilverträgen, die wiederum Dienstleistungs-verträge darstellen. Des Weiteren hält, wie oben schon beschrieben, der Provider den Zugang zu fremden Inhalten bereit, sodass nicht die Nutzung einer Sache im Vordergrund steht, sondern eine Dienstleistung.[25]


### 2.2.3 Content- Provider- Vertrag


Ein **Content- Provider** ist, wer seine eigene Website erstellt und eigene Inhalte über das Internet anbietet oder den Zugang zu fremden Inhalten vermittelt.[26] Bei großzügiger Auslegung ist jeder, der eine Nachricht oder einen Kommentar in eine Newsgroup oder eine E-Mail schreibt oder eine Web Site unterhält, ein Content- Provider. Eine engere Auslegung beschränkt Content-Provider auf Unternehmen oder Organisationen, deren hauptsächlicher Zweck in der Informationsbereitstellung liegt. Aus diesem Grunde ist ein Content- Provider auch voll für seine Inhalte verantwortlich, da er ein Informationslieferant ist. [27]

Eine Einordnung des Content- Provider- Vertrages in die Systematik des BGB gestaltet sich als schwierig. Einerseits kann ein Vertrag zwischen Content- und Access- Provider zustande kommen und andererseits zwischen Content- Provider und Anwender.

---

[22] Vgl. http://www.artikel5.de/sperrungsanordnungen.html (Stand: 27.12.2005).
[23] BGH, Urteil vom 23.03.2005, Az.: III ZR 338/04
[24] „Durch den Dienstvertrag wird derjenige, welcher Dienste zusagt, zur Leistung der versprochenen Dienste, der andere Teil zur Gewährung der vereinbarten Vergütung verpflichtet".
[25] Vgl. http://www.aufrecht.de/4111.html (Stand: 26.12.2005).
[26] Vgl. TELES European Internet Academy; S.161.
[27] Vgl. Hoeren, Thomas; S.276.

Ein Vertrag zwischen Content- und Access- Provider liegt vor, wenn das Unternehmen einen Vertrag mit einem Access- Provider schließt, um Speicherplatz für die eigene Homepage zu erhalten.[28] Dabei liegt ein Dienstvertrag im Sinne von § 611 ff BGB vor, da die Leistung des Access- Providers eine Geschäftsbesorgung zum Gegenstand hat.

Nachdem der Anwender einen Zugang zum Internet bekommen hat, möchte er nun auch die Inhalte nutzen. Dazu schließt er einen Vertrag mit einem Content- Provider. Vertragsgegenstand ist das Anbieten beliebiger, nachfrageorientierter Inhalte in Dateiformaten, z.B. Texte, Grafiken und Videoclips. Hauptpflicht des Datenanbieters ist es, dem Anwender ein Zugangs- und Nutzungsrecht an dem Inhalt der Daten zu gewähren, verbunden mit der Befugnis, Daten herunterzuladen und für eigene Zwecke zu verwerten. Aufgrund der verschiedenen Leistungen ist dieser Vertrag ein Mischvertrag..

Handelt es sich bei dem Kaufobjekt um Ware, liegt ein Kaufvertrag im Sinne von § 433 BGB vor. Handelt es sich jedoch um Dienstleistungen, liegt ein Dienstvertrag im Sinne von §§ 611 ff. BGB bzw. Geschäftsbesorgungsvertrag im Sinne von §§ 675 ff. BGB.[29]

### 2.2.4 Web- Hosting- Vertrag

Um im Internet präsent sein zu können, wollen immer mehr Kunden, insbesondere im Bereich der Wirtschaft, mittels einer Web-Site beziehungsweise Homepage in Erscheinung treten.

Ein Web- Hosting- Vertrag liegt vor, wenn ein Host- Provider dem Content- Provider zu einem Auftritt im World Wide Web verhilft. Die Erstellung der Homepage selber unterliegt dem Werkvertragsrecht. Neben der Vermietung von Festplattenspeicher zum Ablegen der Web-Seiten bietet der IPP Dienstleistungen zur Gestaltung und Einrichtung von Web-Seiten an. Da der Provider dem Kunden erlaubt, einen Teil der Speicherkapazität seines eigenen, professionell betriebenen Servers für eigene Zwecke zu nutzen, liegt ein Mietvertrag[30] im Sinne von §§ 535 ff BGB vor.[31]

Je nach den technischen Leistungen, die der Provider erbringt, wird zwischen Website- Hosting und Website- Housing unterschieden.

---

[28] Vgl. hierzu 2.2.4. Web- Hosting- Vertrag.
[29] Vgl. Lehmann, Michael; S.53.
[30] „Durch den Mietvertrag wird der Vermieter verpflichtet, dem Mieter den Gebrauch der Mietsache..."
[31] Vgl. Boehme-Neßler, Volker; S.29.

### 2.2.4.1 Website- Hosting

Wie unter 2.2.4. schon erwähnt stellt der Provider dem Kunden Speicherplatz zur Verfügung, auf welchem dieser einen „virtuellen Server" betreiben kann.[32]

### 2.2.4.2 Website- Housing

Beim Website- Housing (Server-Housing) betreibt der Kunde selbst einen Server und ist lediglich auf die sonstige Unterstützung durch den Provider angewiesen. Diese kann etwa in Form der Bereitstellung der Räumlichkeiten und dessen Telekommunikationsanschlüsse an das Netz des Providers oder an das Netz eines Dritten bedeuten. Der mietvertragliche Charakter steht auch hier im Vordergrund, da dem Kunden nicht nur Speicherplatz, sondern auch Räumlichkeiten zur Verfügung gestellt wurden.[33]

### 2.2.4.3 Domainregistrierung

Soll eine eigene Website im Netz unter einer bestimmten Domain abrufbar sein, so muss die Domain zunächst bei einer namensvergebende Stelle registriert werden. Um einen Domainnamen (Second Level Domain) muss sich das Unternehmen, welches im Internet präsent sein möchte beim IV-DENIC[34] bemühen.[35] So besteht zum Beispiel die Adresse http://www.ch-beck.de aus der Protokollangabe (http://), der Netzangabe (www), der Second Level Domain (frei wählbar) und der Top Level Domain (.de, .com: meist ein Länderkürzel).[36] Wird lediglich eine Subdomain angestrebt (www.subdomain.-name.de) sind Verhandlungen mit dem entsprechenden Inhaber der Second Level Domain von Nöten.[37]

Die Internet-Adresse im Rahmen einer Second Level Domain ist im Rahmen effizienter Geschäftätigkeit im Internet ein wichtiger Erfolgsfaktor. Damit möglichst viele Interessenten auf die Website des Anbieters gelangen, ist es für jeden Anbieter wichtig, einen Domain- Namen zu haben, den der Kinde leicht finden kann.[38]

---

[32] Vgl. Lehmann, Michael; S.158.
[33] Ebd.
[34] Interessenverband Deutsches Network Information Center.
[35] Vgl. Hoeren, Thomas; S.30 f.
[36] Lelley, Jan Tibor / Leclaire, Andreas; S.8.
[37] Ebd.
[38] Vgl. http://www.firstsurf.com/rayer0147_t.htm (Stand: 01.02.2006).

Weiterhin ist sie vom jeweiligen Standort des Unternehmens unabhängig und kann daher im Falle eines Umzuges mitgenommen werden. Aufgrund des schnellen Anwachsens des Internets ist allerdings das Risiko sehr groß, dass die jeweilige Domain bereits vergeben ist. Weiterhin ist diese Art im Internet zu erscheinen mit sehr hohen Kosten verbunden. Die Einrichtung unter einer Subdomain ist sehr viel günstiger, kann jedoch bei einem Umzug nicht mitgenommen werden.

Problemtisch ist vor allem, dass die Anträge auf eine Internet-Adresse nicht auf einen Warenzeichenverstoß hin überprüft werden, sondern die einzige Kontrolle der Vergabestelle darin besteht, ob die beantragte Adresse bereits vergeben wurde.

Regelmäßig übernimmt die Registrierung der Domain der Host-Provider. Dieser handelt dann im Auftrag seines Kunden[39] und es liegt im Verhältnis Kunde-Provider in der Regel ein entgeltlicher Geschäftsbesorgungsauftrag[40] gemäß § 675 I BGB vor.[41] Der eigentliche Registrierungs-Vertrag kommt nach Abs. IV der DENIC-Registrierungsrichtlinien zwischen dem künftigen Domaininhaber und der DENIC erst durch Registrierung zustande.[42]

### 2.2.5 Webdesigning- Vertrag

Bei Webdesigning- bzw. Webvertising- Verträgen steht die Erstellung einer individuellen Internetpräsentation für den Auftraggeber Im Vordergrund der vertraglichen Leistungen: Somit handelt es sich hierbei eindeutig um Werkverträge da sie auf das Erstellen bzw. Programmieren von Webseiten gerichtet sind. Da es sich bei einer Website allerdings um Software handelt und auf diese nach herrschender Meinung die Sachvorschriften des BGB Anwendung finden, könnte es sein, dass über § 651 BGB[43] Kaufvertragsrecht zur Anwendung kommt. Soll die Website im Weiteren von dem Webdesigner "gepflegt" werden, so ist zu differenzieren: Handelt es sich um bloße Pflege oder Wartung, d.h. um die Aufrechterhaltung der Funktionstüchtigkeit, unterfällt dies dem Dienstvertragsrecht. Wird die Website dagegen inhaltlich aktualisiert, so findet Werkvertragsrecht Anwendung.

---

[39] Vgl. Strömer, Thomas H.; S.28 f.
[40] „Auf einen Dienstvertrag oder einen Werkvertrag, der eine Geschäftsbesorgung zum Gegenstand hat,[...]".
[41] Vgl. Lehmann, Michael, S.159.
[42] Vgl. http://www.denic.de/de/richtlinien.html (Stand: 01.02.2006).
[43] "Auf einen Vertrag, der die Lieferung herzustellender oder zu erzeugender beweglicher Sachen zum Gegenstand hat, finden die Vorschriften über den Kauf Anwendung.

# 3 Besonderheit: Internet- Auktion

Internet- bzw. Online- Auktionen ist eine über das Internet veranstaltete Versteigerung. Bekanntester Veranstalter von Internetauktionen ist eBay[44]. Nach erfolgter Auktion findet die Übergabe der Ware in der Regel auf dem Versandweg statt. Bezahlt wird meistens per Überweisung, per Nachnahme oder über Drittanbieter wie z.B. PayPal.

Nach einem Urteil des Bundesgerichtshofes vom 07.11.2004[45] ist die Freischaltung einer Angebotsseite eine auf den Abschluss eines Kaufvertrages gerichtete Willenserklärung des Verkäufers. Der Vertrag kommt dann mit dem zustande, der innerhalb der Bietzeit das höchste Gebot abgibt. Bei Kaufverträgen zwischen einem gewerblichen Anbieter und einem Verbraucher, die im Rahmen einer sogenannten Internet- Auktion durch Angebot und Annahme gemäß §§ 145 ff. BGB und nicht durch einen Zuschlag nach § 156 BGB zustande kommen, ist das Widerrufsrecht des Verbrauchers nicht nach § 312 d Abs. 4 Nr. 5 BGB ausgeschlossen.

In dem sogenannten „Ricardo- Urteil"[46] hat der BGH am 03.11.2004[47] entschieden, dass es sich bei den üblichen Erscheinungsformen von Internetauktionen nicht um Versteigerungen im Sinne des § 156 BGB handelt. Damit greift der Ausschluss des Widerrufsrechts nach § 312 d Abs. 4 Nr. 5 BGB nicht. [48]

---

[44] www.ebay.de.
[45] BGH; Urteil vom 07.11.2001; Az.: VIII ZR 13/01.
[46] Mit dieser Entscheidung wurde der Eigentümer eines VW Passats verpflichtet, den PKW an den höchstbietenden Teilnehmer der Onlineauktion www.ricardo.de herauszugeben. Der Verkäufer hatte dies zunächst verweigert, da nach seiner Ansicht der Vertrag nicht automatisch mit Zeitablauf zustande kommen kann. Für einen wirksamen Vertrag hätte es einer gesonderten Annahmeerklärung von ihm bedurft. Hintergrund des Rechtsstreits war, dass der mit Ablauf der Bietfrist erreichte Preis unter dem tatsächlichen Marktwert des Wagens lag. Beide Gerichte gehen davon aus, dass der Verkäufer bereits mit Freischaltung seiner Angebotsseite bei Ricardo verbindlich erklärt, er nehme das höchste, wirksam abgegebene Kaufangebot an. Schon mit der Freischaltung seiner Angebotsseite hat der Verkäufer ein verbindliches Vertragsangebot abgegeben. Damit kommt der Kaufvertrag unmittelbar mit Ablauf der Auktionszeit mit demjenigen zustande, der das höchste Angebot abgegeben hat.
[47] BGH; Urteil vom 03.11.2004; Az.: VII ZR 375/03.
[48] Vgl. Ricke, Stefan; S.45.

# 4 Vertragsabschluss

Die rechtlichen Grundlagen für das Zustandekommen eines Vertrages sind im Bürgerlichen Gesetzbuch (BGB) geregelt.. Im Internet geschlossene Verträgen entsprechen der Rechtsfigur des Vertragsschlusses unter Abwesenden und fallen innerhalb des BGB unter den Begriff Fernabsatzvertrag gemäß § 312 b BGB. Zum 01.01.2002 wurde wesentlichen Teile des BGB novelliert.

Insbesondere durch die Umsetzung die E- Commerce- Richtlinie wurden spezielle Vorschriften für den Vertragsabschluss im Internet geschaffen. Im Zuge der Schuldrechts-modernisierung wurde mit § 312 e BGB eine spezielle Vorschrift für den Vertrag im elektronischen Geschäftsverkehr geschaffen.[49]

## 4.1 Angebot oder invitatio ad offerendum

Es stellt sich die Frage, ob die Präsentation einer Leistung eine rechtlich bindende Willens-erklärung im Sinne eines verbindlichen Angebots auf Abschluss eines Vertrages im Sinne des § 145 BGB[50] darstellt.[51] Teilweise wird vertreten, dass von Seiten des Anbieters kein rechts-verbindliches Angebot ausgeht. Vielmehr ist die Präsentation im Internet vergleichbar mit einem Katalog, einer Preisliste oder einem Schaufensterangebot.[52] Es liegt in den genannten Fällen eine invitatio ad offerendum vor, eine Aufforderung zur Abgabe eines Angebotes. Daher ist es der Internetnutzer, der sein Angebot abgibt und der Content- Provider entscheidet, ob er das Angebot annimmt.[53] Das Angebot kann zum einen durch das Versenden einer E-Mail an den Verkäufer geschehen, in der der Käufer seinen Bestellwunsch abgibt, oder dadurch, das der Käufer das auf der Verkaufsseite angebotene, vorgefertigte Bestellformular ausfüllt.[54]

Andererseits liegt ein verbindliches Angebot des Anbieters vor, wenn über die Internetseite elektronische Produkte vertrieben und direkt zum Download[55] bereitgehalten werden[56].

---

[49] Vgl. http://www.jusdata.info/de/thema/102002..html (Stand: 03.01.2006).
[50] „Wer einem anderen die Schließung eines Vertrages anträgt, ist an den Antrag gebunden, es sei denn, dass er die Gebundenheit ausgeschlossen hat.
[51] Köhler, Markus / Arndt, Hans-Wolfgang; S.30.
[52] Vgl. Steckler, Brunhilde; S.272.
[53] Vgl. Hoeren, Thomas; S.186.
[54] Vgl. Bange, Jörg / Maas, Stefan / Wasert, Julia; S.183 f.
[55] z.B. www.musicload.de.

## 4.2 Rechts- und Geschäftsfähigkeit

Verträge können im Internet jederzeit unter denselben rechtlichen Voraussetzungen wie bei einem Vertragsabschluss im „normalen Geschäftsleben" geschlossen werden.[57] Dazu zählt auch die Rechts- und Geschäftsfähigkeit der Internetnutzer.

Gemäß § 1 BGB „beginnt die Rechtsfähigkeit[58] des Menschen mit der Geburt" und endet mit dem Tod. Demnach wird die Rechtsfähigkeit jedem Menschen zugesprochen, ohne Rücksicht auf das Alter beziehungsweise der geistigen und körperlichen Fähigkeit.[59]

Als Konsumenten erliegen Kinder und Jugendliche oft der Versuchung und kaufen Teures oder Überflüssiges. Um Minderjährige davor zu bewahren, für sie nachteilige Geschäfte einzugehen und die daraus entstehenden Folgen tragen zu müssen, gibt es gesetzliche Vorschriften, die sie davor schützen sollen. Wann eine Person als geschäftsmäßig angesehen werden kann, ergibt sich aus den §§ 104-115 BGB. Demnach sind Kinder und Jugendliche bis zum vollendeten siebten Lebensjahr geschäftsunfähig[60]. Das heißt, von ihnen eingegangene Verpflichtungen sind nichtig. Der Minderjährige, der gemäß § 106 BGB zwar das siebte, aber noch nicht das achtzehnte Lebensjahr vollendet hat, ist weder voll geschäftsfähig noch vollkommen geschäftsunfähig, sondern kann in beschränktem Umfang nach §§ 107 ff BGB selbständig wirksame Willenserklärungen abgeben.[61] Schließt ein Minderjähriger ohne Zustimmung des gesetzlichen Vertreters einen Vertrag, so ist dieser von Anfang an wirksam, wenn die vertragsmäßige Leistung mit Mitteln bewirkt wird, die ihm zu diesem Zweck oder zu freier Verfügung von dem Vertreter oder mit dessen Zustimmung von einem Dritten überlassen worden sind (§ 110 BGB). Er bedarf jedoch zu einer Willenserklärung, durch die er nicht lediglich einen rechtlichen Vorteil erlangt, der Einwilligung seines gesetzlichen Vertreters (§ 107 BGB). Kinder und Jugendliche sind ab der Volljährigkeit voll geschäftsfähig. Das bedeutet, dass ein volljähriges Kind eigenständig Verträge jeglicher Art abschließen kann. Für die sich daraus ergebenden Folgen ist er voll verantwortlich.[62]

---

[56] Vgl. Bange, Jörg / Maas, Stefan / Wasert, Julia; S.183 f.
[57] Vgl. Köhler, Markus / Arndt, Hans-Wolfgang; S.28.
[58] „Rechtsfähigkeit ist nach deutschem Recht die Fähigkeit, Träger von Rechten und Pflichten zu sein".
[59] Vgl. Bähr, Peter; S.33.
[60] § 104 BGB.
[61] § 106 BGB.
[62] Vgl. Bähr, Peter; S.34 f.

## 4.3 Elektronische Willenserklärung

Rechtsgeschäfte dürfen, egal ob im Internet oder im „normalen Geschäftsleben", nur von rechts-und geschäftsfähigen (Vgl. 3.2.) Rechtssubjekten abgeschlossen werden.
Die Besonderheit der Elektronischen Willenserklärung liegt darin, dass zum Zeitpunkt ihrer Herstellung und Übermittlung kein aktives menschliches Handeln erfolgt.

Der Computer arbeitet auf der Grundlage eines Willens des Erklärenden, denn der Erklärende bedient sich des Computers, um Geschäftsabschlüsse zu beschleunigen. Hierbei kann der Computer mit einem stillen Boten gleichgesetzt werden.[63]
Somit entfalten solche Computererklärungen dieselbe rechtliche Wirkung wie die direkt von einem Rechtssubjekt abgegebenen Willenserklärungen und sind somit als Willenserklärungen unter Abwesenden gemäß § 130 Abs. 1BGB[64] zu beurteilen.

## 4.4 Antrag und Annahme

Grundsätzlich kommen Verträge zustande, wenn einerseits ein Vertragspartner dem anderen dem Abschluss des Vertrages anbietet. In diesem Fall liegt ein Antrag im Sinne von § 145 BGB[65] vor. Andererseits muss der andere Vertragspartner diesen Antrag gemäß § 147 BGB[66] annehmen. Der Vertragsabschluss im Internet kommt ebenfalls durch Antrag und Annahme zustande.[67] Wie in 4.1. dargestellt, hängt es von der Art der Website ab, ob der Anbieter oder der Anwender ein Angebot abgibt. Eins scheint jedoch eindeutig: Ein Vertragsabschluss im Internet ist ein Vertragabschluss unter Abwesenden gemäß § 147 Abs. 2 BGB[68].

---

[63] Vgl. Koch, Frank A.; S.130 ff.
[64] „Eine Willenserklärung, die einem anderen gegenüber abzugeben ist, wird, wenn sie in dessen Abwesenheit abgegeben wird,[...]".
[65] „Wer einem anderen die Schließung eines Vertrages anträgt,[...]".
[66] „Der einem Anwesenden gemachte Antrag kann nur sofort angenommen werden.[...]".
[67] Vgl. Zahrnt, Christoph; S.27.
[68] „Der einem Abwesenden gemachte Antrag kann nur bis zu dem Zeitpunkt[...].

## 4.5 Zugang von Willenserklärungen

Nach Absenden der E-Mail wird die Willenserklärung zunächst in einem elektronischen Serversystem gespeichert. Zugegangen ist eine Willenserklärung unter Abwesenden, wenn sie in den Bereich des Erklärungsempfängers gelangt ist und dass dieser unter normalen Verhältnissen die Möglichkeit hat, vom Inhalt der Erklärung Kenntnis zu nehmen. Vollendet ist der Zugang, wenn die Kenntnisnahme durch den Empfänger möglich und zu erwarten ist. Da im Einzelfall nicht ermittelt werden kann, wann die E-Mail tatsächlich abgerufen wurde (Beweisproblem) wird der Zugang allgemein zu dem Zeitpunkt angenommen, zu dem der Empfänger üblicherweise die Daten abruft (im Regelfall einmal pro Werktag).[69]

## 4.6 Widerruf und Anfechtung

Willenserklärungen, die auf elektronischem Wege übermittelt werden, können vor oder gleichzeitig mit dem Zugang im Sinne von § 130 Abs. 1 S. 1 BGB nicht widerrufen werden. Auch die Regeln über Haustürgeschäfte sind hier nicht anwendbar, da der erforderliche „Überrumplungseffekt" fehlt. Allerdings steht dem Verbraucher[70] nach dem Fernabsatzgesetz ein Widerrufsrecht zu, sich ohne Angabe von Gründen und ohne Strafzahlung innerhalb einer Frist von zwei Wochen von geschlossenen Fernabsatzverträgen wieder lösen zu können. Diese Regelung, die früher in einem eigenen Gesetz, dem Fernabsatzgesetz, geregelt waren, sind durch die Schuldrechtsreform in das Bürgerliche Gesetzbuch (BGB) mit aufgenommen worden und finden sich nunmehr in den §§ 312b -312d BGB.[71] Die Widerrufsfrist beginnt mit der Belehrung über den Widerruf. Bei der Lieferung von Waren beginnt diese Frist jedoch nicht vor deren Eingang beim Empfänger und bei der Erbringung von Dienstleistungen nicht vor Abschluss des Vertrages. In den §§ 355-357 BGB ist vorgesehen, dass der Widerruf schriftlich oder durch Rücksendung der Sache innerhalb der zwei Wochen erfolgen muss.[72]

---

[69] Vgl. Köhler, Markus / Arndt, Hans-Wolfgang; Rn.97.
[70] § 13 BGB.
[71] Vgl. Hoeren, Thomas; S.226.
[72] Vgl. Bange, Jörg / Maas, Stefan; Wasert, Julia; S.207.

Das gesetzliche Widerrufsrecht kann durch ein vertragliches Rückgaberecht im Sinne von § 312 d Abs. 2 S. 1 BGB ersetzt werden, wenn der Unternehmer den Kunden darüber umfangreich informiert. Analog zum Widerrufsrecht kann der Kunde die Ware ohne Angabe von Gründen innerhalb von 2 Wochen durch Rücksendung der Ware zurückgeben. Die Frist beginnt frühestens mit Erhalt der Ware und dieser Belehrung. Die Rücksendung erfolgt immer auf Kosten des Unternehmers. Wenn der Verbraucher erst nach Vertragsschluss über das Rückgaberecht informiert wird, verlängert sich die Frist für das Rückgaberecht auf einen Monat, beginnend mit dem Tag der nachgeholten Rückgabebelehrung.[73]

Dem Käufer kann sein Angebot nach §§ 119, 120 BGB anfechten, wenn er irrtümlich bei seiner Bestellung falsche Angaben gemacht (§ 119 Abs. 1 2 Var. BGB) hat oder seine Willenserklärung vom Provider falsch übermittelt wurde[74]. Die Anfechtung muss gemäß § 121 Abs. 1 S. 1 BGB unver-züglich, ohne schuldhaftes Zögern erfolgen. Des Weiteren kann der Käufer die Willenserklärung anfechten, wenn er zur Abgabe durch arglistige Täuschung und Drohung bestimmt worden ist.[75]

Zu Erklärungsirrtümern im Sinne von § 119 BGB zählen Eingabe- und Bedienungsfehler. Wie oben angeführt, kann der Käufer irrtümlich abgegebene Willenserklärungen anfechten. In diesem Fall hat er den Schaden, dem der Provider dadurch entstanden ist zu tragen ( § 122 BGB). Der Schutz des Erklärenden hinsichtlich der Vermeidung von Erklärungsfehlern wird durch die in § 312 e BGB umgesetzte E- Commerce- Richtlinie verbessert. In Art. 11 Abs. 2 der erwähnten Richtlinie ist eine Sonderregelung zur Korrektur von Eingabefehlern.

Demnach hat der Provider Mittel zur Korrektur von Eingabefehlern zur Verfügung zu stellen und nach Art. 10 muss er den Käufer darüber informieren. Gängig sind z.B. der „Abbruch- Button" oder der „Zurück- Schritt"[76]

---

[73] Vgl. Hoeren, Thomas; S.226.
[74] Vgl. Hoeren, Thomas; S.189.
[75] Vgl. Koch, Frank A.; S.147.
[76] Vgl. Hoeren, Thomas; S.191 f.

## 4.7 Schriftform und digitale Signatur

Das BGB kennt verschiedene Formerfordernisse, die in den §§ 126-129 BGB geregelt sind. Nur im § 126 BGB wird eine gesetzliche Schriftform vorgeschrieben, d.h. die „eigenhändige Unterschrift oder alternativ dazu die notarielle Beurkundung des Handzeichens".[77]

Bei Erklärungen per Internet fehlt die eigenhändige Namensunterschrift, so dass sie nicht der Schriftform entsprechen.[78] Dem Schriftformerfordernis gemäß § 126 BGB könnte jedoch durch eine sogenannte digitale Signatur Rechnung getragen werden.[79] Bei der digitalen Signatur handelt es sich nicht um eine Signatur im Sinne einer Unterschrift. Es existiert kein geschriebener Namenszug des Urhebers, vielmehr geht es um eine elektronische Kennzeichnung von Dokumenten. Dabei wird ein Kodierungsprogramm verwandt, welches auf dem System zweier, eines privaten und eines öffentlichen Schlüssels beruht. Damit lässt sich für den Empfänger eindeutig feststellen, ob der ihm übertragene Text manipuliert wurde oder nicht. Hierdurch können Echtheits-, Identitäts- und Beweisfunktion von gesetzlichen Formvorschriften gewahrt werden. Aus diesen Gründen ist die digitale Signatur nach Art. 5 I RLeS (Richtlinie über gemeinschaftliche Rahmenbedingungen für elektronische Signaturen) einer eigenhändigen Unterschrift gleichzustellen.[80]

## 4.8 Einbeziehung von Allgemeinen Geschäftsbedingungen

Allgemeine Geschäftsbedingungen (AGB) sind gemäß § 305 Abs. 1 S. 1 BGB standardisierte Vertragsinhalte, die nur aufgrund vertraglicher Vereinbarung gelten. Bei Bestellungen im Internet werden AGB, wie im realen Geschäftsverkehr Vertragsbestandteil, wenn für den Kunden erkennbar ist, dass der Online- Anbieter nur zu seinen AGB abschließen möchte.

---

[77] Vgl. Bange, Jörg / Maas, Stefan / Wasert, Julia; S.188.
[78] Vgl. Koch, Frank A.; S.152.
[79] Vgl. Bange, Jörg / Maas, Stefan / Wasert, Julia; S.190.
[80] Vgl. Koch, Frank A.; S.153 f.

Der Kunde muss die Möglichkeit haben, vom Inhalt der AGB Kenntnis zu nehmen, er muss daher vor dem Abschicken der Bestellung die AGB lesen können. Die AGB sollten nicht nur leicht auffindbar sein, sondern auch in einer für den Kunden leicht verständlichen Sprache sein.[81] Nach § 312e Abs. 1 Nr.4 BGB , der der Umsetzung von Art. 10 Abs. 3 der E- Commerce-Richtlinie dient, müssen die AGB dem Nutzer außerdem so zur Verfügung gestellt werden, dass er sie speichern und reproduzieren kann.[82]

---

[81] Vgl. http://www.finanztip.de/recht/wirtschaftsrecht/agb-einbeziehung.htm (Stand: 04.01.2006).
[82] Vgl. http://www.schubel.de/Dokumente%20als%20Pdf/Wintersemester%202006/EuPrivR/%A7_5_Fernabsatz.pdf (Stand: 04.01.2006); Hoeren, Thomas; S.208.

# 5  Haftung

Jeder, der eigene oder fremde Inhalte im Internet zur Verfügung stellt, oder auch nur den Zugang zum Internet vermittelt, muss sich auch über die Haftung bei Rechtsverletzungen Gedanken machen. Die haftungsrechtliche Verantwortlichkeit der Anbieter von Diensten und Inhalten wurde im Zuge der Umsetzung der E-Commerce-Richtlinie, die am 1. Juni 2000 in Kraft getreten ist. Damit ist auf transnationaler Ebene eine umfassende Regelung für den elektronischen Geschäftsverkehr im Internet geschaffen worden.

Hierbei wurden Änderungen im Teledienstegesetz (TDG), geregelt im Informations- und Kommunikationsdienstegesetz (IuKDG) sowie im Mediendienstestaatsvertrag (MDStV) vorgenommen. MDStV und TDG beantworten die wichtigsten Fragen und Regeln hinsichtlich der Haftung im Internet.[83]

Ziel ist es, Rechtsunsicherheiten zu beseitigen, Verantwortlichkeiten für Inhalte zu regeln und den Erfordernissen von Jugend- und Datenschutz gerecht zu werden.

Dem IuKDG unterfallen individuell geprägte Teledienste[84], bei denen der einzelne Nutzer einem individuellen Angebot gegenübersteht, wie z.B. Access Provider, Datenbanken ohne redaktionell bearbeitete Inhalte, Warenbestellungen oder Electronic Banking. Mediendienste werden gemäß § 2 Abs. 1 S. 1 definiert als „an die Allgemeinheit gerichtete Informations- und Kommunikations-dienste in Text, Ton oder Bild, die unter Benutzung elektromagnetischer Schwingungen ohne Verbindungs-leitungen oder längs oder mittels eines Leiters verbreitet werden".[85] Hierzu zählen z.B. Angebote von Tageszeitungen oder Zeitschriften, elektronische Fanzines, redaktionell bearbeitete Newsletter, Unternehmenspräsentationen und insbesondere Online-Dienste wie AOL oder T- Online mit ihren redaktionellen, an die Allgemeinheit gerichteten Informations-angeboten.[86] Rechtsgrundlage ist der Mediendienstestaatsvertrag (MDStV).[87]

---

[83] Vgl. TELES European Internet Academy; S.160.
[84] § 2 Abs. 1 TDG.
[85] Kröger, Detlef, Gimmy / Marc A.; S.276/277.
[86] Vgl. Hoeren, Thomas; S.153; Koch, Frank A.; S.210 f.
[87] Ebd.

## 5.1 Haftung des Content- Providers

Der Content- Provider ist für eigene Inhalte[88], die er zur Nutzung durch Dritte bereithält, voll verantwortlich (§§ 5 Abs. 1 TDG; § 6 Abs. 1 MDStV). Eigene Inhalte sind nicht nur solche, die Anbieter selbst erstellen, sondern können auch von Dritten geschaffene Texte und Bilder sein, die sich der Content- Provider per Lizenz oder Bestellung in seine Website aufnimmt.[89]

Bei der Haftung des Content- Providers ist weiterhin die deliktische Haftung zu beachten. Hier gelten die gesetzlichen Haftungsbestimmungen, wie z.b. das Urheberrechtsgesetz, das Markengesetz, das Bundesdatenschutzgesetz sowie das Gesetz für unlauteren Wettbewerb.[90]

Demnach haftet der Content- Provider gemäß § 97 Abs. 1 UrhG, wenn er fremde Inhalte ins Internet einspeist. Er haftet außerdem nach §§ 14 Abs. 5, 6; 15 Abs. 4, 5 MarkenG, wenn er eine Domain verwendet, die auf geschützten Marken oder Unternehmenskennzeichen beruht.[91] Das Oberlandesgericht Frankfurt am Main[92] hat in einem Urteil beschlossen, dass es unzulässig ist, einen Begriff, der mit der Marke eines Dritten identisch ist, als Domain zu registrieren, um auf einen Verkauf an einem Markeninhaber zu spekulieren. Man spricht in diesem Fall von Domain-Grabbing.[93]

Eine Haftung nach dem Produkthaftungsgesetz oder im Rahmen von § 823 Abs. 1 BGB kommt in Betracht, wenn der Content- Provider falsche Informationen verbreitet.[94] Des Weiteren kann gegenüber dem Verfasser ein Unterlassungsanspruch im Sinne des § 823 Abs. 1 S. 1 BGB i.V.m. § 1004 BGB bestehen, wenn ehrverletzende Äußerungen getätigt werden.[95] Dies entschied das Landgericht Hamburg in einem Urteil vom 30.07.2004.[96]

---

[88] „Inhalte, die sich der Content- Provider im Rahmen seiner Website zu eigen gemacht hat".
[89] Vgl. Freitag, Andreas / Mitschke, Martin; S.88.
[90] Vgl. Hoeren, Thomas; S.278.
[91] Ebd.
[92] OLG Frankfurt am Main, Urteil vom 12.04.2000; Az.: 6 W33/00.
[93] Vgl. Köhler, Markus/ Arndt, Hans-Wolfgang; S.8.
[94] Vgl. Hoeren, Thomas; S.278.
[95] Vgl. Lehmann, Michaek; S.47.
[96] LG Hamburg, Urteil vom 30.07.2004, Az.: 324 O 819/03.

## 5.2 Haftung des Host- Providers

Schwierig gestaltet sich die Frage hinsichtlich der Haftung des Host- Providers. Nach § 11 Nr.1 TDG bzw. § 9 MDStV ist der Host- Provider für fremde Informationen, die er für einen Nutzer speichert, grundsätzlich nur dann verantwortlich, wenn er die rechtswidrigen Inhalte positiv kennt und es ihm technisch möglich und zumutbar ist, diese Inhalte zu sperren.[97] Ihn trifft gemäß Art. 15 der E- Commerce- Richtlinie keine generelle Kontroll- oder Überwachungspflicht für Inhalte. Jedoch ist der Host- Provider gemäß § 11 Nr. 2 TDG bzw. § 9 Nr. 2 MDStV verpflichtet, unzulässige Informationen unverzüglich nach Kenntnisnahme zur sperren.[98]

## 5.3 Haftung des Access- Providers

Der Access- Provider ist hingegen von der Verantwortung nach § 9 TDG; § 6 Abs. 2 MDStV freigestellt. Ähnlich wie die Telekom bei einem Telefonat kommt dem Access-Provider nur eine Übermittlungsfunktion zu, bei der eine Kenntnisnahme oder gar inhaltliche Überprüfung der Inhalte nicht erwartet werden kann.[99] Auch für Net- Provider sieht das Gesetz keine Haftung vor, da sie lediglich das technische Leistungsnetz zur Verfügung stellen.[100] Zur Sperrung oder Entfernung unzulässiger Informationen bzw. rechtswidriger Inhalte ist auch der Access- Provider nach § 8 Abs. 2 S. 2 TDG bzw. § 6 Abs. 2 S. 2 MDStV verpflichtet, sofern der Dienstanbieter unter Wahrung des Fernmeldegeheimnisses gemäß § 88 TKG von diesen Inhalten Kenntnis erlangt und eine Sperrung technisch möglich und zumutbar ist. [101]

---

[97] Vgl. Freitag, Andreas / Mitschke, Martin; S.90.
[98] Vgl. Ricke, Stefan; S.152.
[99] Vgl. Hoeren, Thomas; S. 279.
[100] Vgl. Boehme- Neßler; Volker; S.52.
[101] Vgl. Ricke, Stefan; S.152.

# 6   Fazit

Das Internet hat sich zu einem interaktiven Medium entwickelt, über das schnell, kostengünstig und bequem, entgegen der Ansicht von David Rosenthal, Verträge mit Vertragspartnern auf der ganzen Welt geschlossen werden können.

Nach einer neuesten Studie des Marketingforschungsunternehmens ACNielsen liegen beim Online-Shopping im weltweiten Vergleich Deutschland, Österreich und Großbritannien ganz vorne. Mindestens 95 % aller Internetnutzer haben dort schon mindestens einmal im Internet eingekauft. Weltweit werden über das Internet mit weitem Abstand am häufigsten Bücher bestellt. An zweiter Stelle folgen Videos/ DVDs/ Spiele, dann Flugbuchungen/-reservierungen und Kleidung/ Accessoires/ Schuhe.[102]

Diese Studie von November 2005 zeigt, dass der Kunde immer weniger „angst" vor dem Vertragsabschluss im Internet hat. Denn der Vertragsschluss im Internet wirft nach deutschem Recht keine unüberwindbaren Probleme auf. Vieles wird durch das bisherige Recht – insbesondere den Normen des Bürgerlichen Gesetzbuches – erfasst. Problematisch gestalteten sich jedoch die Formanforderungen. Es bleibt abzuwarten, inwieweit der Gesetzgeber durch die aktuellen Gesetzesvorhaben, die bisherigen Mängel beseitigen kann.

Meiner Meinung nach ist es unproblematisch, im Internet Verträge abzuschließen. Es empfiehlt sich jedoch eine Art „Doppelt hält besser Sympathie" zu entwickeln, um etwaigen Enttäuschungen vorzubeugen. Denn so schön bunt viele Websites auch sind, ein gewisses Risiko birgt das Medium Internet weiterhin in Bezug auf Vertraulichkeit und Sicherheit.

Auch den Internetauktionen stehe ich sehr skeptisch gegenüber. Auch ich habe über das Internetauktionshaus eBay schon die Ein oder Andere Sache gekauft, und wusste aber nicht, wer mein konkreter Verkaufs- bzw. Vertragspartner war. Man kennt nur den Benutzername, der meistens in keinem Zusammenhang zum Verkäufer steht.

Des Weiteren tauchen immer mehr „schwarze Schafe" auf und verkaufen Markenware weit unter Preis. Aus diesem Gründe finde ich, dass man lieber ein paar Euro mehr bezahlen sollte, sei es nun im virtuellen Shop oder im Shop in der City, bevor ich gefälschte Ware zu einem überteuerten Preis kaufe.

---

[102] Vgl. http://www.acnielsen.de/news/pr20051025.shtml (Stand: 01.02.2006).

# 7   Literaturverzeichnis

**Bücher:**

1. **Bähr, Peter,** „Grundzüge des bürgerlichen Rechts", 9. überarbeitete Auflage 1995, München, Verlag Franz Vahlen GmbH

2. **Bange, Jörg / Maas, Stefan / Wasert Julia,** „Recht im E-Business", 1. Auflage 2001, Bonn, Galileo Press GmbH

3. **Boehme-Neßler, Volker,** „Internetrecht.com", 1.Auflage 2001, München, Deutscher Taschenbuch Verlag GmbH & Co. KG

4. **Freitag, Andreas / Mitschke, Martin,** „Werbung und Recht im Internet von A bis Z", 1999, Frankfurt am Main, Deutscher Fachverlag GmbH

5. **Gounalakis, Georgios / Rhode, Lars,** "Persönlichkeitsschutz im Internet", 2002, München, Verlag C.H. Beck ohG

6. **Hoeren Thomas,** „Grundzüge des Internetrechts", 2. Auflage 2002, München, Verlag C.H. Beck ohG

7. **Jaburek, Walte J. / Wölfl, Norbert,** „Cyper Recht", 3. Auflage 1999, Wien / Frankfurt, Wirtschaftsverlag Carl Ueberreuter

8. **Junker, Abbo / Benecke, Martina,** „Computerrecht", 3.Auflage 2003, Baden-Baden, Nomos Verlagsgesellschaft

9. **Koch, Frank A.,** „Internet-Recht", 1998, München, R. Oldenbourg Verlag GmbH

10. **Köhler, Markus / Arndt, Hans-Wolfgang,** „Recht des Internet", 2. völlig neubearbeitete und erweiterte Auflage, Heidelberg, C.F. Müller Verlag, Hüthig GmbH

11. **Kröger, Detlef / Gimmy, Marc A.,** "Handbuch zum Internetrecht", 2000, Berlin, Springer-Verlag

12. **Lehmann, Michael,** „Rechtsgeschäfte im Netz- Electronic Commerce,1999, Stuttgart, Schäffer-Poeschel Verlag

13. **Lelley, Jan Tibor / Leclaire, Andreas,** „Internet, Hyperlinks, ISP & Co., 1. Auflage 2002, München, Deutscher Taschenbuch Verlag GmbH & Co. KG

14. **Ricke, Stefan,** „Internet-Recht", 2005, Baden-Baden, Humboldt Verlags GmbH

15. **Rosenthal, David,** „Internet- Schöne neue Welt?", 2. Auflage 1999, Zürich, Orell Füssli Verlag

16. **Schotthöfer, Peter / Scharrer, Ulrich**, „Werberecht im Internet", 2. aktualisierte Auflage 1997, Ettlingen, Fachverlag IM Marketing-Forum GmbH

17. **Steckler, Brunhilde**, „Grundzüge des EDV-Rechts", 1999, München, Verlag Franz Vahlen GmbH

18. **TELES European Internet Academy**, „Aktiv und sicher im Internet", 2003, Berlin, SPC TEIA Lehrbuch Verlag GmbH

## Internet:

1. http://presse.vibrio.de/info/37971
2. http://www.it-rechtsinfo.de/index.php/wissen/vertrag/1/
3. http://www.gwdg.de/~ifbg/go13cj.htm
4. http://www.inf-wiss.uni-konstanz.de/CURR/student/imk9495/gruppe_2/deutsch/2_5_1_4.html
5. http://www.firstload.de/presse/Gutachten_Firstload.pdf
6. http://www.artikel5.de/sperrungsanordnungen.html
7. http://www.aufrecht.de/4111.html
8. http://www.ch-beck.de
9. http://www.firstsurf.com/rayer0147_t.htm
10. http://www.denic.de/de/richtlinien.html
11. www.ebay.de
12. http://www.jusdata.info/de/thema/102002..html
13. www.musicload.de
14. http://www.finanztip.de/recht/wirtschaftsrecht/agb-einbeziehung.htm
15. http://www.schubel.de/Dokumente%20als%20Pdf/Wintersemester%202006/EuPrivR/%A7_5_Fernabsatz.pdf
16. http://www.acnielsen.de/news/pr20051025.shtml

www.ingramcontent.com/pod-product-compliance
Lightning Source LLC
La Vergne TN
LVHW042313060326
832902LV00009B/1456

* 9 7 8 3 6 3 8 6 6 8 2 1 7 *